LA VÉRITÉ

sur

LA SITUATION ACTUELLE

par

UN PAYSAN DE LA MEUSE

VERDUN

IMPRIMERIE DE CH. LAURENT, LIBRAIRE

—

1877

MES CHERS CONCITOYENS

Le 16 janvier 1876, quoique ayant une main paralysée, j'essayais, dans l'intérêt des ouvriers, mes frères, de répondre à une brochure anonyme qui, pour les égarer, attribuait aux républicains, le droit d'être seuls patriotes ; à les entendre, la France serait sortie grande des coups de hache dont se servaient les Danton, les Marat, les Robespierre, comme jadis Minerve sortit armée de pied en cap du cerveau de Jupiter. Ces nouveaux Vulcains s'imaginent que c'est du coup de hache que jaillit la déesse de la sagesse oubliant que seul Jupiter l'avait créée, car il existait avant Minerve ; la France monarchique et catholique existait aussi avant que la hache républicaine n'ait fait sortir de son cerveau malade de la doctrine de Voltaire, cette folle furieuse que l'on nomme faussement la déesse de la liberté, mise au service de tous les intrigants qui depuis 93 nous ont exploités, en son nom, et enlevé toutes les libertés véritables que nos rois nous avaient conquises une à une jusqu'en 1788 ; cette longue lutte qui commença par Clovis, à Tolbiac, contre les ancêtres des Prussiens pour continuer à Bouvine, par Philippe-Auguste et par François Ier, contre Charles-Quint, et enfin par Louis XIV qui avait fait la France grande et respectée.

La vieille monarchie avait trouvé la France sauvage, riche de terres incultes, mais, aidée des saints évêques et des saints moines, elle défricha les terres, civilisa les peuples ; elle put, par ce travail pénible et long, délivrer nos pères de l'esclavage des serres de l'Aigle romaine et des Lois terribles de maîtres cruels, par qui nos pères esclaves étaient vendus comme des bêtes de somme avec les terres, ou traqués dans les forêts comme des bêtes fauves, puis, chargés de chaînes, envoyés dans les amphithéâtres romains pour servir de pâture

aux bêtes féroces, et de spectacles à ces
vertueux républicains, tels que les Caton,
les Brutus, les Senèque, etc., forçant ces
malheureux à s'entretuer comme gla-
diateurs pour divertir leurs cruels et
fiers maîtres, ces tyrans non couronnés
qui opprimèrent nos pères, les Gaulois,
pendant tant de siècles, quand enfin les
apôtres de J.-C. vinrent apporter au prix
de leur vie la lumière de son divin Évangile
qui nous affranchit de l'esclavage, c'est
dans ce Code qu'est la vraie liberté, l'égalité, la fraternité; car, depuis saint Pierre,
le pêcheur du lac de Génézareth, le suc-
cesseur du divin charpentier, cette chaire
de Pierre, fondée et posée par J.-C. même,
et cimentée de son sang divin sur le
Golgotha, a été occupée par les Fils de
l'Église, sans distinction de rang, de
naissance, de nation; c'est la foi en J.-C.
qui nous a donné les Clovis, les Pépin,
les Charlemagne, les Louis-le-Gros, qui,
aidé de l'abbé Suger, fonda la liberté des
communes, qui affranchit les serfs de
cette loi romaine qui était encore en vi-
gueur malgré nos rois, pas encore assez
puissants pour détruire cette coutume
barbare..., malgré nos ennemis qui ca-

lomnient le *Syllabus* qu'ils ne connaissent pas, voilà ce que la religion catholique a fait pour le peuple qui a trop oublié que c'est l'Église qui l'a tiré de l'esclavage ou il serait encore sans ces admirables *Syllabus*, commencé par les huit béatitudes de la Montagne et l'Oraison dominicale, ensuite par celui de Nice, appelé *Credo*, qui se confirme par celui de Pie IX, rien n'y est changé, c'est la voie qui conduit peuples et rois au bonheur de faire leur devoir chacun à la place que Dieu lui a assignée; il est enfin la reproduction de la divine encyclique qui fut donnée, il y a 4,500 ans, sur le mont Sinaï, nommé les dix commandements de Dieu, voilà ce qu met en fureur ceux qui ne veulent pas obéir à ces saints commandements, car le *Syllabus* n'en est que la reproduction, il n'y a pas là un iota contraire au saint Évangile! Ah! depuis le Golgotha bien des dents ont voulu mordre à cette pierre divine et les dents y sont restées poussière, la pierre divine brille encore bravant le soleil, la neige et tous les frimas! Divine enclume, combien de lourds marteaux tu as usés depuis Pilate et Caïphe, Caligula, Néron, Dioclétien, Julien l'Apostat, Luther, Calvin, etc., etc., Robespierre, Danton, Marat, Fontainebleau a eu son Sainte-Hélène, et de nos jours, où êtes-vous Cavour, Mazzini, Ratazi, Canino, Orsini, etc.

Dieu, dans sa miséricorde, a jugé que son Église a besoin d'être éprouvée comme l'or ; il se sert de Bismark et Cie pour la corriger, semblable à un bon père, qui se sert de verges pour punir ses enfants, au jour de sa colère ; mais au jour de leur repentir qui est celui de sa miséricorde, il brise ses verges meurtrières devenues inutiles. Depuis la fondation de l'Église, jamais persécution plus maligne et mieux masquée n'a eu lieu ; mais, aussi aucune ne lui fut plus profitable, car les liens du nouveau Pierre ont aussi relié entre eux, dans une même foi et un même amour, tous les Catholiques du monde entier et ramené bien des frères égarés pour l'Église catholique ; il n'y a ni français, ni anglais, ni allemands, ni chinois, ni turcs, mais tous des fils bien-aimés de cette tendre mère, dont l'amour comme la charité d'où elle est sortie n'a pas de bornes, sa source intarissable est le cœur divin de Jésus, auteur de la charité même. L'encyclique de son vicaire, chargé par lui d'enseigner et de confirmer ses frères dans la foi, ne peut être approuvée par les hommes de rapines et de désordres : rois, empereurs ou peuples, ou par ces femmes mondaines dont le luxe effréné que l'Empire a amené est tellement effrayant par son accroissement que les pères de famille hésitent à marier leurs fils. Si, autrefois, la femme chrétienne était un second soi-même et le soutien le plus solide de l'époux et de la famille, la femme mondaine est aujourd'hui une lourde charge pour l'époux, car, s'il ne veut sombrer, il faut qu'il garde la clef de sa caisse, et comme le luxe ne s'arrête pas devant cet obstacle, que la duchesse veut égaler la princesse, la dame du petit banquier, celle de Rothschild, la petite boutiquière, celle du négociant, la servante veut égaler la grande dame, pour satisfaire à son luxe, personne n'est à son rang et ne veut y rester ; on ne s'arrête plus sur les moyens pour lui complaire, la vertu y est sacrifiée comme l'honneur du mari, dans toutes les classes de la Société ; ces femmes mondaines sacrifient tout à l'orgueil et à la vanité, avec leur or, font pâlir la vertu ; telle grande dame dépense soixante mille francs pour son boudoir, disant à un mari crédule qu'il ne lui a coûté que six mille francs, car, pour le reste, elle ne lui dit pas ce qu'elle a sacrifié!.... la position sociale de chacun ne lui permet plus de satisfaire son luxe, si le sacrifice du la vertu conjugale et l'honneur de mari ne paie leur honteux tribut, voilà où a conduit l'exemple de la société impériale ; et depuis, cet exemple de corruption qui s'est étendu dans les plus humbles des villages même, n'a fait que croître de plus en plus, malgré les fléaux qui nous ont accablés, et ceux qui nous menacent encore, car la débauche et la corruption, filles de la libre pensée, sont à leur comble. C'est pour arrêter ces fléaux, sortis de l'enfer, que la sentinelle qui veille au Vatican crie de sa voix puissante à tous les fidèles du monde entier, car ils sont tous ses enfants, égarés ou non : Soldats de Jésus-Christ, aux armes de la prière et de la pénitence, voici l'armée du démon de la libre pensée qui, des antres des Sociétés secrètes de toutes sortes, francs-maçons, carbonari, marianne, internationaux, etc., etc., se liguent pour combattre J.-C. et ses saintes doctrines;

prenez les boucliers de la foi et de l'espérance, et le canon foudroyant de la
charité chrétienne, pour anéantir ces ennemis de la Société, destructeurs de tout
bien et auteurs de tout mal ; voilà le cri
d'alarme que signale au monde chrétien,
le *Syllabus*, que les ennemis de Jésus-
Christ attaquent et calomnient. Je com-
pare les Sociétés secrètes aux oiseaux
nocturnes, hiboux et vampires qui, n'osant
voir le jour, s'enferment dans les trous ou
dans des endroits obscurs, craignant les
autres oiseaux qu'ils dévorent dans la nuit,
mais malheur à ces hiboux, quand ils s'é-
garent à la clarté du jour, et qu'ils sont
aperçus des autres oiseaux si faibles qu'ils
soient, même du roitelet, qui jette un cri
particulier entendu de la Société entière
des oiseaux sans exception, même de l'aigle ; tous se précipitent sur l'ennemi commun, ils cessent pour le moment leurs que-
relles ; la faible alouette ne craint pas le
chasserau, auquel elle fait entendre le cri
d'alarme qui signale l'ennemi commun.

Pie IX, cette douce colombe, nous
signale à tous, peuples et rois, ces Sociétés secrètes qui, semblables aux hiboux
n'osant agir au plein jour de la vérité,

agissent dans l'obscurité du mensonge, pour détruire petits et grands, peuples et rois, comme les vampires, ils aiment à s'abreuver de sang, malheur aux princes et aux riches qui les écoutent, ils s'en servent comme de riches instruments; dussé-je passer pour arriéré dans ce siècle de lumière, après avoir lu l'histoire des francs-juges en Allemagne, qui renversèrent l'empereur Ladislas et celle des Chevaliers de la lune en Espagne, qui faillirent la détruire ce qui fut cause de l'inquisition qui sauva la Société espagnole à cette époque, elle fut donc utile où il n'y avait pas de police organisée.

Hélas! aujourd'hui, combien d'aveugles, comme le prince de Galles, qui imitent les princes français d'avant 93, en se mettant franc-maçon pour se sauver: malheureux insensés, vous ne savez donc pas ce que l'on veut de vous. Trois chefs suprêmes connaissent seuls le but à atteindre. Les princes et les rois, qui prêtent serment, ne sont que les dupes; je vous dis, moi, laboureur, qu'en jurant le renversement du Christ et de ses ministres, vous ressemblez à un laboureur dont le cerveau est vide, qui va avec sa charrue renverser son champ de blé, pour y semer de l'ivraie, ne sachant pas que cette ivraie donne le vertige à ceux qui la mangent. Malheur aux chrétiens sans distinction de rits qui adorent le divin crucifié et qui entrent dans ces Sociétés secrètes, ils sont comme le laboureur insensé qui renterre le froment pour semer l'ivraie et rejette J.-C., le froment céleste, descendu du ciel comme un doux agneau plein de paix et de douceur, nous disant : aimez-vous les uns les autres, pour prendre le fils des ténèbres, Satan, qui nous dévore tous en nous prêchant l'envie et la haine des uns des autres. Nous avons vu leurs œuvres depuis 89 jusqu'à ce jour, comme Saturne, la Révolution dévore ses enfants, les francs-maçons riches sont débordés par l'international, bons bourgeois, vous avez mis à bas les nobles, ils ont été mis en bas par vous en 93 et en 1830, allongez vos écus, ils sont plus nobles que roturiers ; vos élèves, les socialistes, les veulent. La Société est non moins menacée aujourd'hui qu'au temps des francs-juges et des Chevaliers de la lune, par la franc-maçonnerie qui a fait la Révolution de 93 et de 1830, et l'horrible Commune de 1871. Pour cette tête de

Méduse, manger du prêtre, n'est qu'un plat d'appétit, il faut ensuite à ce monstre insatiable pour plat de consistances, tête de rois et de généraux, assaisonné de juges et de magistrats, le tout fricassé à la sauce de gendarme et de soldat rôtis au pétrole, pour dessert et menu, des paysans et de véritables ouvriers, voilà ce que demande l'horrible bête, car il ne se trouve pas un seul hercule en Europe pour trancher la tête de cette hydre qui hurle, tout tremble devant elle et n'ose lui désobéir, vous y passerez tous, vous qui la flattez et n'osez lui résister. La Révolution est une prostituée jalouse qui, au moindre de ses soupçons, poignarde ses fidèles amants; c'est la jalousie accompagnée de ces deux amies, l'ingratitude et la vengeance, compagne fidèle de la hideuse calomnie qui, comme l'horrible araignée, tend ses filets au peuple et aux rois qui y tombent pour être dévorés, ce monstre quand il n'aura plus de prêtres et de rois à dévorer, se rabattra sur les bourgeois, paisibles spectateurs et approbateurs de ses œuvres; quand il aura passé dans sa gueule tout ce monde, ce sera le tour de l'ouvrier, il faut à ce monstre pour rassasier sa voracité, des victimes grasses et des victimes maigres, nobles et prolétaires; il lui faut des victimes et des esclaves. O civilisation sans Dieu, et qui avez même chassé vos faux dieux, où êtes-vous, Babylone, Ninive, Memphis, Saba, Jérusalem, etc., etc., et toi, Rome, si la papauté ne t'avait sauvée d'Attila, tu aurais eu le même sort qu'Athènes. Et toi, Paris, sans notre brave armée chrétienne, tu ne serais plus qu'un monceau de ruines, les fils de Voltaire, les libres penseurs auraient pu continuer en liberté leurs destructions, les poètes de la destruction auraient pu déclamer des balcons de Montmartre, à l'exemple de Néron, dont ils sont les imitateurs, sur leurs lyres l'embrasement de Paris, comme Néron chantait pendant que Rome, qu'il avait incendiée, brûlait ; et, sans le brave Mac-Mahon, ils auraient fait brûler Paris. O chefs de l'international depuis le numéro 1er jusqu'au numéro 606, vous pouvez chanter sur vos lyres la gloire de ce petit commencement d'incendie, et comme Néron, pour faire oublier son crime, faisait brûler les chrétiens et en les accusant de son propre crime, disant que les chrétiens avait brûlé

Rome, vous, vous accusez de vos crimes, les catholiques fidèles de nos jours, les désignant à la haine des esclaves aveugles de vos doctrines et de vos despotiques sociétés dont le malheureux ouvrier n'est qu'un instrument, vous ne dites pas comme Néron : les Catholiques sont des êtres infâmes, brûlez-les au pétrole : car vous savez que beaucoup se disent *catholiques*, et vous ne voulez pas encore vous démasquer, c'est pourquoi de vos noirs conciliabules, le mot *clérical*, pour ne pas dire catholique a été inventé, afin de jeter en pâture à vos esclaves ses innocentes et honorables victimes, dont vous voulez vous débarrasser ayant bien soin de vider auparavant ou après leurs poches comme pendant la Commune ; telle est la morale de vos doctrines. Aujourd'hui, les fils de la libre pensée (ce qui ne veut pas dire qu'étant esclave de soi-même ce n'est pas être l'esclave du plus cruel tyran, tandis qu'esclave de Dieu, c'est être le fils du meilleur des pères), dénonce tout homme de bien comme clérical, le désignent comme futur otage ou martyre d'une nouvelle Commune. Voilà la plaie : quel en sera le remède, si Dieu ne nous sauve, car les sociétés secrètes, aux yeux d'Argus, ont toujours un pied dans chaque camp, même dans la police, car depuis qu'un ministre du roi bourgeois, a dit du haut de la tribune à cette bourgeoisie orgueilleuse et sans Dieu , enrichissez-vous , tous les moyens sont bons pour y parvenir , on n'est responsable que quand on ne réussit pas ! hélas ! comme la lèpre de cette triste doctrine s'est étendue partout, on ne recule devant rien pour s'enrichir , et l'hydre conspire contre toute autorité qui n'a pas la main assez ferme pour lui abattre la tête. Elle gagne et parvient à faire croire légitimes les atrocités de 1871, de 1852, de 1848 et de 1830. Elle fait avoir peur. Que nous sommes loin de suivre l'exemple de saint Louis, roi de France, il est une grande leçon aux rois et aux empereurs de nos jours qui tremblent et paient tribut à la franc-maçonnerie qu'ils redoutent ; quand le Vieux de la Montagne, ce chef redouté d'une Société occulte, lui envoya demander (quand il était en Égypte) un tribut que tous les souverains de la terre avaient coutume de lui payer s'il tenait à leur vie. Le noble petit-fils de Philippe-Auguste, répondit à l'envoyé du chef redouté : Allez dire à votre maître que les rois de France ne craignent que Dieu seul et ne relèvent que de sa puissance, lui seul peut donner ou ôter la vie qui est entre ses mains comme y est celle de votre maître ; les rois de France reçoivent des tributs, mais n'en paient pas ! Ainsi parla Saint-Louis, ainsi parlait jadis nos nobles chefs qui étaient de notre fière race française ; quelle différence avec l'italien Bonaparte qui se faisait musulman pour visiter les mosquées, puis abandonnait son armée au moment du danger).

Kléber fut un héros sacrifié par lui pour avoir fait un rapport véritable et on ne parle pas de lui.

Saint Louis, au moment du danger, quand ses soldats le suppliaient de sauver ses jours et ceux de son Épouse, répondait : je vivrai avec vous ou je mourrai avec vous ; il fut fait prisonnier sur le champ de bataille, un de ses frères périt ; le prisonnier honora la France dans les fers, comme il l'avait honorée sur les champs de bataille. Ainsi son petit-fils, Henry V, l'honore en exil, par sa loyauté appréciée des ennemis mêmes de la France.

Un autre Italien, héros de Strasbourg

et de Boulogne, récolta aussi les lauriers de nos braves généraux tel que Pélissier à Sébastopol, Mac-Mahon à Magenta et du comte de Clérambaut et de ses héroïques hussards à Solferino, etc., etc., pour venir tout perdre à Sedan qui fut son Waterloo; car ne s'étant occupé que de conspirations et de maîtresses il n'a jamais fait le rude métier de soldat; et, sans le brave maréchal Mac-Mahon , Magenta eut été le Sedan du héros du 2 décembre. Quand un peuple a le malheur de ne plus croire en Dieu, de mépriser ses dignes lois, de massacrer ses ministres, de dévaster ses temples saints, d'immoler ses princes et ses rois, de massacrer ses généraux, au lieu d'avouer ses iniquités, source de tous ses malheurs, et de voir que ses revers sont la juste punition de ses crimes, accusant tout, excepté sa propre faute, seul coupable de l'avoir faite, c'est une nation perdue, si Dieu ne s'en mêle.

Dieu ne donne pas aux nations rebelles les princes qu'il désire, mais ceux qu'elles méritent, comme ceux que nous avons eus depuis 1793 jusqu'à 1815 et de 1830 jusqu'à ce jour, nous pouvons nous appliquer les menaces du prophète, car comme les Israëlites, nous avons, en punition, des rois et des princes étrangers ! Dans cette dernière guerre où, certes, la valeur française n'a pas fait défaut, au lieu d'y voir la main de Dieu, qui abaissait notre orgueil, nous accusons nos chefs, indistinctement à cause d'un Bazaine, libre penseur, on calomnie à dessein tant de braves et vertueux généraux, tel que le général Blaise, de Verdun, mort en héros chrétien, comme tant d'autres, à la défense de Paris , les radicaux aiment mieux trouver des traîtres où les chrétiens français ne rencontrent que des héros, prêts à donner leur vie pour la défense de la patrie, soit à Patay ou à Gravelotte, etc. Mais pour eux calomnier nos généraux et nos soldats, c'est servir la Prusse, et ils la servent activement, c'est un pays perdu où ces calomnies règnent et où on entend les doctrines de ces hommes menacer leurs chefs et dire que s'ils trahissent, on les fusillera.

Hélas ! par ces doctrines voltairiennes propagées adroitement, beaucoup de nos braves officiers ne meurent pas des mains étrangères et la première balle n'est pas pour l'ennemi ! c'est un pays perdu où le chef ne peut pas compter sur ses soldats, où le soldat n'a plus confiance dans ses chefs, telle est une armée sans Dieu, sans foi, sans espérance de la récompense, de la vertu et la crainte salutaire de la juste punition du crime en l'autre vie et même en ce monde par la justice divine, où le bien et le mal sont égaux, c'est pour faire de tels soldats que les fils de Voltaire voudraient ôter à nos enfants les aumôniers qui leur apprennent à savoir mourir pour Dieu et la patrie, sans craindre la mort.

Tous les héros de barricades qui se succèdent depuis cent ans, tous, va nu-pieds ou sans-culottes, rebut de la Société, sortis de tous les rangs, car on n'y rencontre jamais ni un bon ouvrier, ni un bon père de famille, ceux-ci savent que ces soldats et ces gendarmes sont les gardiens de nos lois comme de l'honneur national, qu'ils sont nos frères, nos neveux et nos fils, le rempart de la patrie, on ne peut avoir de termes assez forts pour flétrir leurs assassins.

Oui, il y eut des héros en 1830, mais c'était cette poignée de garde royale qui lutta pendant trois jours contre plus de deux cent mille factieux, et c'est à ces

égorgeurs de l'armée française que l'on a
élevé une colonne dans Paris (dite des
héros de Juillet), monument de honte nationale, n'en déplaise aux grands petits
hommes qui l'ont fait élever, c'est une insulte et un outrage perpétuels à notre
brave armée qu'on a assassinée, mais jamais vaincue, c'est la vertu, l'honneur,
le devoir militaire publiquement outragés,
et le crime, la révolte, l'assassinat de nos
soldats glorifiés (pauvre France)! quelle
rapide décadence ; les mauvaises doctrines
de cet infernal génie qui plane sur toi et
dont l'image est sur cette vile colonne de
juillet, semblant chasser l'honneur de la
France, pour ne glorifier que le déshonneur et l'ignoble trahison, qui fit du
serment , jadis si sacré , un parjure , un
mensonge et une dérision depuis 1830,
combien de molochs adorés et de victimes
sacrifiées à ce faux Dieu, ennemi du
vrai et seul Dieu.

Si les héros de la Commune, assassins et
calomniateurs de nos généraux, avaient
réussi, certainement, en vrais fils de Juillet,
ces auxiliaires de Bismarck auraient érigé
sur la place Vendôme la colonne des héros du 18 Mars, assassins des généraux

Clément-Thomas et le Comte, en place de celle qui est élevée à la gloire de notre armée, colonne qu'ils avaient détruite à la grande joie de leurs amis les Prussiens, c'eut été logique, la fille naît de la mère, la commune, fille de Juillet 1830, qui, aussi, avait assassiné nos soldats, avait les mêmes droits qu'elle à une colonne du 18 Mars ! au lieu d'avoir la croix d'honneur de juillet, ils ont eu Cayenne et la Nouvelle-Calédonie, telle est la destinée des révolutionnaires de 1830 à 1871.

Pendant la guerre du siége de Paris, il était aisé de prévoir la guerre civile, par l'incapacité du gouverneur que je crois honnête homme et qui eut le tort, lui, général, de s'associer avec de tels révolutionnaires à l'émeute de l'Hôtel-de-Ville, faite en présence de l'ennemi; son devoir était de punir sévèrement la canaille et de désarmer les forçats, les étrangers et les repris de justice, comme il y en avait trop.

En novembre 1870, je lui écrivis : Monsieur le général, sous le prétexte de donner des cartes pour avoir des vivres, faites demander les actes de naissance, et tous ceux qui sont repris de justice ou étrangers, faites-les désarmer et expulser de Paris, sous le prétexte qu'ils sont Prussiens; pour éviter une émeute, mieux vaut, monsieur le gouverneur, dix mille braves sur lesquels vous pouvez compter, que cent mille lâches ou traîtres qui vous trahiront et perdront Paris. Hélas ! je ne fus pas écouté et la Commune en fut le fruit inévitable; Gambetta, Jules Favre et Cie avaient besoin d'électeurs.

Dans le mois de janvier 1871, on parlait de paix; j'entendis trois individus dire : on nous a donné des fusils, nous ne les rendrons pas, nous les avons, nous les garderons quand même, où il fera chaud; malheureusement, il n'a fait que trop chaud, puisque nos édifices ont été changés en brasiers.

Tous les révolutionnaires se ressemblent pour parvenir à leur but, ils ne reculent devant rien afin d'y arriver; quand ils sont parvenus, ils tâchent de se débarrasser de leurs complices. J'en ai connu particulièrement un, entr'autres, républicain de conviction, nommé P., colonel de la garde nationale de B., ancien héros de Juillet, beau-père d'un de mes voisins, voici ce que me raconta ce colonel, ami de Recure et de Ledru - Rolin, est un des principaux héros de février, combattant avec sa légion de garde nationale contre les héroïques et braves municipaux du poste du Palais - Royal, qui aimèrent mieux se laisser brûler à leur poste que de se rendre ; vrais martyrs du devoir militaire.

O France ! ma chère patrie, combien tu as d'enfants qui sont des héros surtout dans ta noble gendarmerie, élite de notre armée et modèle des vertus guerrières, comme les héros de Reischoffen, dignes petits–fils des croisés que les révolutionnaires assassinent ainsi que les prêtres à chaque Révolution !....

J'étais, me disait M. P., en Suisse, je me trouvais à dîner avec Bonaparte, ainsi que P. et de P., quand, au dessert, nous bûmes à la santé de la République et à son prochain triomphe, je dis à bas le traître Louis–Philippe qui l'a trahie ainsi que le traître Lafayette, en 1830 ; en disant ces mots, comme je me défiais de Louis Bonaparte, je le regardais en face, alors à son tour, il prit un poignard et dit : citoyens, oui, vive la République universelle ; si je n'y suis pas fidèle que ce poi-

gnard me serve; et tous nous jurâmes
fidélité.

Le 2 décembre arriva. M. P. fut com-
promis et il s'empressa de passer son bien
à son gendre, et le charitable abbé Billette
lui fit obtenir un passeport avec lequel il
se sauva en Belgique; il y resta longtemps,
et son gendre étant mort, il profita de
l'amnistie de l'ex-républicain, devenu
empereur, qui n'avait de républicain
comme tant d'autres que ses serments
de Forli; de Suisse et au Pape, rien n'est
changé aujourd'hui.

Enfin, M. P., revenu à Paris, ne s'oc-
cupa plus que des intérêts de sa fille, et de
ses deux petits-fils jusqu'en 1870, où je ces-
sai de le voir, il avait eu affaire, disait-il, à
bien des ingrats, il en était dégoûté, car ses
amis d'autrefois, devenus ministres en février, lui firent faire antichambre pendant
trois heures, eux, disait-il, qui étaient à tu
et à toi avec moi, bienheureux de dîner à
ma table toujours ouverte pour eux. Eh,
lui dis-je, en riant, c'est mieux quand il
devint empereur, ils vous font faire antichambre en Belgique, jusqu'au jour où
cet ami daigne vous permettre de rentrer chez vous; car, si j'ai bonne mémoire,

ne m'avez-vous pas dit aussi que vous lui aviez payé à dîner en Suisse, et donné à M. P. de l'argent pour s'acheter des bottes, cher Monsieur, qui ne fait pas des ingrats? vous êtes riche, vous avez pu en faire, et les honnêtes gens comme le pauvre peuple sont toujours dupes des intrigants, vous êtes encore heureux de pouvoir sauver votre fortune et votre tête, en faisant antichambre en Belgique.

Ce que j'ai remarqué pendant ma carrière déjà longue, c'est que les républicains, grands amateurs de liberté en paroles, n'en veulent que pour eux seuls, en parlant de l'émancipation de la femme, ils rendent les leurs esclaves et malheureuses, M. P. avait quitté la sienne qui était obligée de gagner son pain en travaillant, tandis que lui vivait en bon bourgeois avec l'héritage de son oncle, enrichi au service d'un célèbre médecin légitimiste qui avait récompensé les bons soins de son valet de chambre, en lui donnant une belle maison et de l'argent; je suis sûr de faire appel à toutes les femmes de ces purs républicains; elles ne me démentiront pas, leurs maris qui fréquent les clubs, les cafés, les cabarets, selon le rang ou la fortune, ne sont pas si heureuses que la femme de l'ouvrier qui fréquente les églises, les temples et les synagogues, selon sa religion, et qui fait son devoir, oui la libre pensée rend la femme esclave et fait retourner le peuple à la barbarie, d'où Jésus-Christ l'a tiré en rendant la femme libre; nos ennemis disent encore : que le parti républicain est magnifiquement uni et indissoluble; l'aveu est bon à connaître car il fait savoir que les 363 députés qui ont voté l'ordre du jour du fils du duc de Pralins, sont unis avec les amis de la Commune : tels que Naquet, Louis Blanc, le génois Gambetta, le bavarois Spuler, Ranc, le comte de Rochefort et autres.

Cette union est contre le brave maréchal Mac-Mahon et notre valeureuse armée, vainqueur de la commune, c'est logique « dis-moi, qui tu hantes ? Je te dirai qui tu es » , dit le proverbe, celui qui n'est pas pour moi est contre moi, dit le divin Sauveur, rien n'est modéré aujourd'hui, la question est posée, il faut être pour la hideuse Commune contre son vainqueur ou avec le maréchal-vainqueur de la Commune, qui voudrait renaître par le combat du scrutin, ayant pour président Thiers qui l'a fait naître, et que Gambetta nomme le sinistre vieillard, lui qui s'est fait l'auteur de la Commune pour la combattre et avoir la gloire de se dire le Sauveur de la Patrie, comme il ose s'en dire le libérateur, tandis que l'Alsace et la Lorraine sont dans les mains des prussiens.

Ah ! que serait devenue la France, sans la vaillante épée du maréchal Mac-Mahon et des soldats de l'Ordre, les calculs de l'homme fatal de 1830 et de 1848 qui ne sait que renverser aurait ruiné la France envahie à la grande joie de son ami Bismarck, car, avec ses amis les communeux, aurait-on trouvé des cinq milliards de rançon, les capitaux sont si peureux, il ne fallait rien moins pour les rassurer et les faire sortir, que l'épée protectrice du loyal Bayard de ce temps, car les discours des orgueilleux avocats qui gouvernaient la France et veulent encore la gouverner n'auraient pu les rassurer.

Voilà l'homme que les radicaux n'aiment pas, mais dont ils se servent et veulent opposer pour première étape, afin d'arriver à l'italien Gambetta, le grand désorganisateur de notre armée, et qui par là a plus aisé à faire le roi de Prusse, empereur d'Allemagne, que Bismarck lui-même, Gambatta, ce grand chef des 363 ex-députés, dont le grand mérite avant d'être dictateur, était de culotter des pipes, ce qui lui valut d'être dictateur et de s'allouer soixante mille francs par an, mais d'en prendre cent mille au pauvre peuple, auquel, il est vrai, il prodiguait en échange des flots de discours du haut des balcons, tandis que le maréchal, nos généraux et nos soldats répandaient à flots leur sang pour la France, il est vrai qu'ils sont français et doivent défendre leur mère outragée jusqu'à la dernière goutte de leur sang, qu'à vrai dire, ils ne lui ont pas marchandé, tandis que le génois n'a rien de français dans les veines, quand donc demandera-t-on compte à cet homme des quarante mille fr. et des deux cent cinquante millions pris dans la poche des contribuables; on sait que le mot d'ordre de l'international, dont le chef est à Berlin, c'est aux catholiques que l'on veut faire la guerre, nous avons dit que pour ne pas les épouvanter, surtout les tièdes et les froids qui, voyant les pièges tendus pour la foi de leurs pères, auraient pu devenir les trop chauds défenseurs de la religion catholique, c'est pourquoi ils ont inventé le mot clérical pour ne pas dire catholique, et radical pour ne pas dire ennemi de la Société et de la foi catholique, autrefois, ils se nommaient huguenots et protestants, eux aussi, brûlaient les églises, pillaient les couvents, rien n'est nouveau sous le soleil, a dit Salomon, les noms seuls ont changé , mais les révolutionnaires ne changent pas, c'est donc la guerre des libres penseurs contre la foi chrétienne, ces hommes qui nient Dieu et l'immortalité de l'âme, nous ravalant jusqu'à dire que nous sommes des singes à améliorer, tel est le grand génie qui veut réformer la civilisation par le progrès sans Dieu , comme les singes leurs glorieux pères, ayant M. Littré pour grand sacrificateur, le même journal radical continue à vanter le génie de la Révolution , génie, dit-il, de paix, de liberté, d'égalité, génie bienfaisant, qui affranchit le sol et affranchit l'homme; si ces citoyens prétendent que c'est la paix, ce que j'ai vu seulement commençant, par la Révolution de juillet, celle de février, les horribles journées de juin 1848, la révolte du mois de mai 1848, où Ledru-Rolin, complice de Louis Blanc, avait la liberté de se sauver par un vasistas, puis le massacre du 2 décembre 1852, et enfin cette horrible Commune, en 1871, ce génie de paix enfin, qui a amené les Prussiens aux portes de Paris. C'est, sans doute, pour jouir de cette heureuse liberté, qu'à chaque révolution nouvelle, ils envoient ce pauvre peuple, qu'en son nom il a fait révolter, à Cayenne, à Nouméa, à Kaïva et à la Nouvelle-Calédonie, etc., etc., tandis que nos nouveaux maîtres ont des châteaux et des palais au prix du sang et des larmes des victimes de leurs doctrines mensongères, qu'ils demandent donc au vingt-cinq fois millionnaires Thiers, et à l'archi-millionnaire Gambetta qui n'avaient rien, s'ils sont égaux avec les pauvres veuves des malheureux qu'ils ont égarés et qui meurent de faim, quoique ce soit la mort de ces pères de famille qui aient fait la fortune de ces chefs de révolution de toutes les époques et de ses avocats sans cause, qui se réfugient dans le journalisme, afin de faire leur fortune aux dépens des pauvres ouvriers, qu'ils s'efforcent d'égarer. Ah! c'est que depuis cinquante ans, je les connais, ces soi-disants amis du peuple qui, en 1848, mangeaient du chevreuil à la sauce d'ananas avec nos quarente-cinq centimes, tandis que le peuple *souverain* mourait de faim à la porte de ces nouveaux Brutus, comme autrefois les parasites mouraient de faim à la porte des tribuns de la Rome républicaine : c'est le progrès, en reculant à ces romains qui se croyaient, quoique esclaves des tribuns, es proclamaient aussi le peuple libre et souverain, se contentant de spectacle sans pain, tandis que les Lucullus et ces tribuns faisaient des repas somptueux, le génie de la Révolution dont Voltaire est le père, est suivi en tous points par ses disciples qui lui ont élevé une statue; voici ce qu'il disait de nous (pauvre peuple) que nous sommes aveugles et aveuglés par nos flatteurs qui, dans leur intérieur comme leur père, Voltaire, écrivant à son confident d'Alembert, disait, en parlant du peuple « ce n'est que de la ca-« naille..... qu'un troupeau de bœufs au-« quel il faut un joug, un aiguillon et du « foin..... Je ne veux de cette canaille, ni « pour partisan, ni pour adversaire.....

« la philosophie ne sera jamais faite pour
« le peuple, la canaille d'aujourd'hui res-
« semble en tout à la canaille qui végé-
« tait il y a quatre mille ans..... il faut
« séparer le sot peuple des honnêtes gens
« pour jamais..... on n'a jamais prétendu
« éclairer les cordonniers, ni les servantes,
« c'est bon pour le partage des apôtres et
« des prêtres..... il est à propos que le
« peuple soit guidé (ce qui veut dire
« asservi) et non pas qu'il soit instruit, il
« n'est pas digne de l'être..... il me pa-
« raît nécessaire qu'il y ait des gueux
« ignorants..... quand la populace se mêle
« de raisonner, tout est perdu, (hormis
quand cela sert pour renverser les rois
seuls, vrais amis et soutiens du peuple).
Ainsi parlait du peuple, Voltaire, l'homme
de liberté, et qui faisait la traîte des nè-
gres avec le capitaine du vaisseau *le Congo*
auquel il écrivait : « Je me félicite avec
« vous de l'heureux succès du navire du
« *Congo*..... Dans une telle circonstance,
« je me réjouis d'avoir fait une bonne
« affaire en même temps une bonne action,
« on nous reproche, ajoute-t-il, le com-
« merce des noirs..... ce négoce démontre
« notre supériorité, celui qui se donne un

« maître est né pour en avoir... » Oh! in-
fâmie, peut-on parler ainsi ? les malheureux que l'on a enlevés de force à leur patrie, à leurs femmes, à leurs enfants et à
leurs pères et mères, à ce qu'ils avaient
de plus cher, c'est joindre l'ironie à la
cruauté ! Hélas ! les fils de Voltaire, eux,
ils trafiquent sur les blancs en envoyant
leurs esclaves à Cayenne, à Nouméa,
Kaïva et à la Nouvelle - Calédonie,
quand ces esclaves de leurs doctrines les
gênent et ne peuvent plus les servir, mais
aussitôt qu'ils en ont besoin pour faire de
nouvelles révolutions, quand ils ne sont
plus au pouvoir, ils semblemt s'apitoyer
sur le sort de leurs victimes et demandent
la grâce de ces malheureux aveugles qui
restent encore, voilà où conduit l'esprit de
Voltaire, chef de la libre pensée qui écrivait encore à ses adeptes d'Alembert et
Diderot..... le mensonge est une grande
vertu quand il fait du bien.... soyez donc
plus vertueux que jamais, il faut mentir
comme un diable, non pas timidement,
non pas pour longtemps, mais hardiment
et toujours..... ainsi parlait celui qui était
furieux de l'institution des Frères de la
Doctrine chrétienne (qu'il nommait par

dérision, Frères ignorantins, nom que ces sectaires leur donnent encore par moquerie, cette institution que venait de fonder à ses frais le bienheureux prêtre de la Salle, ce noble riche se faisant pauvre pour instruire les enfants du peuple, qui sont encore instruits avec zèle par ses enfants que les radicaux voudraient détruire au nom de cette liberté tant vantée. Mais l'ordonnance de Louis XV qui disait : nous ordonnons que l'éducation gratuite et obligatoire soit donnée à notre pauvre peuple dans toute l'étendue de notre royaume et dans nos colonies, c'est cette ordonnance bienfaisante en faveur du peuple qui faisait dire à Voltaire dans sa rage envieuse que le peuple ne méritait que le foin et l'aiguillon comme le bœuf, et qu'il était indigne d'être instruit. Mais sa haine contre la monarchie fut à son comble, quand le roi écrivit en 1750, comme le rapporte le traité d'agriculture de M. du Hamel de Monceau, de l'Académie des sciences de 1753, nous désirons que les récompenses et les encouragements aux cultivateurs de notre royaume soient également donnés aux cultivateurs sans nulle distinction, au seul mérite soit laboureur noble ou paysan, qui sont également nos sujets et dignes de notre bienveillance royale, pour les encourager et récompenser des améliorations qu'ils apportent à l'Agriculture, c'est cette égalité, que le roi faisait du mérite du pauvre paysan avec lui riche millionnaire et lui seigneur du château de *Fernay*, il ne pouvait souffrir; cette justice royale pour une classe qu'il avait en profond mépris, irritait son envie et sa haine pour ce qui était au-dessus de cet orgueilleux était égale à ce mépris du pauvre peuple; le singe de Lucifer, comme l'appelait avec raison Victor Hugo, dans un moment de lucidité avant qu'il fût comme lui un ange déchu, ne souffrait rien au-dessus de lui, et il mit tous ses soins à abattre la noblesse, le clergé et la royauté; par ces seuls motifs..... ses sectateurs, les libres penseurs sont les mêmes quand ils sont au pouvoir, tel que Thiers, simple employé du journal *le Constitutionnel*, en 1830 , quand les cadavres du peuple lui servaient de premier marche-pied pour devenir ministre et millionnaire, il le nommait peuple héros ! quand ce peuple héros (*hier pour renverser un roi*,) se révoltait, le lendemain le journaliste avocat, devenu ministre, les faisait massacrer, rue Transnonin, au nom de la liberté, de l'égalité et de la fraternité, et enfin un jour que le portefeuille lui échappe il fait soulever le même peuple, qu'il ne peut arrêter une fois qu'il fut renommé ministre. Alors il appela ce même peuple vile multitude. C'est du pur Voltaire. Quand il faut les mettre à la tête ce sont des despotes, et quand ils n'y sont pas ils conspirent, injurient et calomnient. Oh ! quelle différence avec nos rois aumôniers, qui, à l'exemple de leur divin maître, J.-C., lavaient les pieds aux pauvres le jour du jeudi saint ; qui ne connaît la recommandation qu'ils faisaient à leurs fils : Soyez bons, disaient-ils, pour le pauvre peuple, sachez que Dieu ne vous a fait roi, que pour en être le père, faites l'aumône de bon cœur, soulagez l'indigent, soyez le défenseur de la veuve et de l'orphelin, aimez-les comme N. Seigneur les aime et les a aimés jusqu'à donner sa vie pour eux, faites de même ! Ainsi parlait nos rois tant calomniés ; quelle différence avec Voltaire disant à ses adeptes : « Méprisez le genre « humain, je vous recommande beaucoup « de mépris pour le genre humain... » Aussi cet infâme menteur qui était de la police quand il eût composé son livre infâme *la Pucelle*, où Dieu, la religion, la morale, la patrie, le dévouement, l'immolation, l'innocence, le martyre de notre Jeanne d'Arc l'honneur et la gloire de la Lorraine tout ce qu'il y a de bon, de beau dans le monde, était outragé, laquelle était l'œuvre de prédilection de Voltaire, c'est dans cette œuvre infâme, dans ce baquet qu'il vidait chaque jour son âme, il la lisait chaque jour aussi, il en lisait une strophe à ses amis; un beau matin le bruit se répand que ce livre qui a paru, était le fait de Voltaire, il se mit à le nier avec une impudence sans égale, afin de détourner l'orage dont il était menacé, car l'indignation des honnêtes gens fut grande, il courut à Genève pour détourner l'orage, le courtier littéraire était venu lui offrir de racheter ce manuscrit (écrit de sa main) sur lequel une édition va paraître, pour la somme de cinquante louis, mais par ses cris et ses soins, le pauvre homme fut emprisonné, lui archi-millionnaire, préféra cet acte infâme, plutôt que de donner cinquante louis à ce pauvre homme, puis il adresse aux magistrats un remerciement solennel, « ils ont vengé

« l'innocence calomniée, ils ont donné un
« noble exemple au gouvernement qui
« voudrait l'opprimer, lui l'apôtre de la
« vertu, pour les infernales inventions de
« ses ennemis... Le comble de ses menaces
« infâmes, écrit-il au *Journal encyclopé-*
« *dique,* est une édition d'un poète intitulé :
« la Pucelle d'Orléans, l'éditeur a le front
« d'attribuer cet ouvrage à l'auteur de la
« Henriade, de Zaïre de Merope, d'Alzire
« du siècle de Louis XIV.... on ose
« mettre sur son compte le poème le plus
« plat, le plus bas et le plus grossier qui
« puisse sortir de la presse, la plume re-
« fuse à transcrire ce tissu des sottes et
« abominables obscénités, cet ouvrage de
« ténèbres... » *oui, tu dis vrai cette fois
car tu viens de prononcer et de faire ton
jugement toi-même;* quoi, l'innocent ouvrier est en prison et toi coupable tu
triomphes aujourd'hui encore, combien
les fils de Voltaire ont envoyé d'innocents
ouvriers en prison, pendant qu'eux tri-
omphent ; cet homme qui voulait anéantir
la religion de J.-C. disait : écrasons l'infâme, en parlant du divin Sauveur, mais
pour cela, il fallait anéantir les miracles
et comme la vierge de Domremy est un

miracle connu du monde entier, il voulait, ce serpent, salir de sa bave immonde, cette sainte fille qui, au nom de J.-C. et de la très-sainte Vierge immaculée, avait sauvé la France, par un grand miracle, car, on sait que la pieuse bergère Lorraine avant d'aller trouver le sire de Baudricourt, le rude gouverneur de Vaucouleurs, avait eu plusieurs visions de la très-sainte Vierge de Saint Michel et de Sainte Catherine, mais le vieux guerrier la renvoyait pas comme une folle visionnaire quand un jour la jeune bergère lui dit tristement : c'est bien dommage, messire, que vous ne vouliez que je remplisse ma mission qui est d'aller sauver la France et faire sacrer le roi à Reims, comme mon bon ange et les saints me l'ordonnent, car à l'instant même les français perdent une bataille; huit jours après Baudricourt ayant appris la perte de cette bataille qui fut nommée la bataille des Harengs, fut très-surpris de la prédiction de Jeanne et quand la jeune Vierge revint une troisième fois, la femme du sire de Baudricourt lui fit remarquer la candeur, la modestie de la jeune bergère, alors le vieux soldat répondit vaille que vaille et donna à Jeanne d'Arc, un héraut d'armes et deux hommes pour sauf-conduit ; les deux frères voulurent accompagner leur sœur, car, les Lorrains sont nés guerriers et dans ces temps, leur devise était : Dieu, le roi. Avant de quitter la maison paternelle que Jeanne ne devait plus revoir, elle se confessa et communia dévotement, puis ce fait, dit la vieille histoire, se prosternant devant l'image de la très-sainte Vierge, elle lui dit dans un langage plein d'une foi qui transporte les montagnes ; divine mère du Sauveur, quoique très-indigne- vous voulez vous servir d'une pauvre bergère faible comme moi, pour délivrer la France et le gentil Dauphin, mon roi, des Anglais félons qui se sont emparés de son beau royaume, permettez-moi, douce mère de J.-C. de prendre une de vos blanches cornettes pour étendard et sauf-conduit (on sait qu'en Lorraine même encore dans ma jeunesse on habillait les images de la sainte Vierge selon la mode du temps, et du temps de Jeanne d'Arc, nos aïeux avaient des cornettes larges comme en ont encore de nos jours les sœurs de Saint Vincent de Paul, de sorte qu'une fois

déployées elles pourraient servir de drapeaux) c'était la plus pieuse qui était
chargée du soin d'entretenir le linge
qui ornait ces images, Jeanne était donc
chargée de cette fonction, et ayant fait
bénir cet étendard nouveau, par le pieux
curé de son village qui la bénit aussi en
versant des larmes de reconnaissance de
voir que Dieu, dans sa miséricorde, dai-
gnait visiter sa patrie comme au temps du
berger Moïse, du berger David, et de la
bergère Geneviève, car c'est par les faibles que le Dieu d'autrefois qui vit encore
manifeste sa puissance afin de confondre
l'orgueil des grands et des méchants !
Divine cornette, tu as sauvé bien des fois
la France et c'est toi qui la sauveras encore. Elle partit donc avec cette faible
escorte mais pleine de confiance en la
protection de Marie immaculée, dont elle
portait la cornette bénie. Elle arriva à
Chinon sans accident, au travers d'ennemis, de brigands et de déserteurs de
toutes sortes, je le demande aux hommes
de bonne foi, qui ont vu la dernière guerre
des Prussiens ; si faire, plus de cent cinquante lieues occupées par l'ennemi sans
accident, n'est pas un miracle. Arrivée à

la petite cour du roi de France, mon but n'est pas de raconter toutes les épreuves qu'on lui fit subir pour voir si sa mission était divine, entre autres le Roi s'étant déguisé en page, Jeanne qui ne l'avait jamais vu, alla droit à lui, disant : Gentil Dauphin, mon roi, je viens par Dieu, la très-sainte Vierge, saint Michel et sainte Catherine, pour faire lever le siége d'Orléans, chasser les Anglais de votre beau royaume de France et vous faire sacrer roi, à Reims; puis après, je retournerai garder mon troupeau près de mes vieux parents. Sainte Catherine m'a dit que l'on trouverait une épée dans le tombeau d'un vieux chevalier à Fierbois et qu'il fallait le m'aller quérir. Le roi ordonna d'aller chercher cette épée, et fut fortement émerveillé de voir que cette épée enfouie depuis des siècles était restée intacte ; alors le doute ne fut plus possible, et le roi lui fit faire une armure et lui confia son armée. Mais avant de partir pour délivrer Orléans, Jeanne dit à Charles VII : Sire, prenez cette cornette de la sainte Vierge pour étendard il vous rendra victorieux, laissez le drapeau rouge aux Anglais félons, car il est pollué et teint du sang français ; (le roi d'Angleterre avait pris le titre de roi de France, et arboré le drapeau rouge, qui était celui des rois de France, ou oriflamme de Saint-Denis;) les Anglais étant maîtres de Paris et de Saint-Denis, s'étaient emparés du drapeau, de sorte que drapeau rouge contre drapeau rouge se battaient, mais celui de Charles VII marchait de revers en revers jusqu'au jour de l'arrivée de Jeanne d'Arc où le roi prit le drapeau blanc fleur-delisé. Le drapeau blanc est donc ce drapeau que Jeanne apporta pour délivrer Orléans et la France; depuis cette époque jusqu'en 93, en reconnaissance de ce fait mémorable, les porte-drapeaux se nommaient cornettes, tel est l'origine du drapeau blanc, une des gloires les plus pures de notre héroïque Lorraine. Henry IV avant la bataille d'Ivry disait à ses soldats : Enfants, si vous perdez vos enseignes-cornettes et drapeaux, ralliez-vous à mon panache blanc, il vous conduira au chemin de l'honneur. Henry V son petit-fils, type d'honneur, aime le peuple comme son aïeul l'aimait, il nous dit aussi avec un cœur paternel : Français, cessons nos divisions qui ont profité à nos ennemis contre notre chère et commune patrie : ralliez-vous à mon panache blanc, comme celui de Henry IV, mon grand-père, il vous conduira au chemin de l'honneur et de la gloire, quittez le drapeau de Voltaire qui nous divise.

C'est pourtant à Voltaire que l'on a élevé une statue, ce sont les cendres d'un tel homme que l'on portait au Panthéon avec celles de Jean-Jacques Rousseau, tandis que l'on jetait celle de Sainte Geneviève, amie des pauvres et sauveur de Paris, ainsi que celles de Saint Vincent de Paul, cet ami, ce père des pauvres et des enfants abandonnés. Oh ! s'il n'y avait pas eu de Saint Vincent de Paul pour recueillir les enfants des vices de Jean-Jacques Rousseau, ils seraient morts au coin de la borne, où il les faisait déposer. Voilà pauvre peuple les modèles des doctrines que l'on te donne aujourd'hui en échange de la loi de J.-C. qui enfante chaque jour des milliers d'imitateurs de Saint Vincent de Paul et des de la Salle qui recueillent, instruisent et soulagent nos misères avec tant de charité évangélique, n'attendant de récompense que de Dieu seul, sûr de la divine promesse qu'il leur a faite, ils m'ont persécuté, ils vous persécuteront, ils m'ont calomnié, ils vous calomnieront, ils m'ont mis à mort, ils vous mettront à mort : mais réjouissez-vous, quand le monde vous persécutera en mon nom car la récompense qui vous attend dans la vie éternelle sera grande. C'est cette récompense qui faisait que Saint Vincent de Paul trouvait dans son immense charité pour sauver la malheureuse Lorraine ravagée par la guerre et par la peste, mourant de faim par la suite de ses fléaux, la somme énorme pour ce temps, de seize cent mille livres par mois, qu'il apportait lui-même et à pied de Paris, à son ami le bienheureux Fourrier, ce pauvre prêtre savait communiquer le feu de la charité chrétienne qui brûlait dans son cœur, aux cœurs des fidèles et au trône même, le pieux Louis XIII et la reine ne pouvaient résister à ses demandes quand les larmes aux yeux, il leur racontait la misère des Lorrains mourant de faim errant dans les bois, mangeant des herbes sauvages, se mangeant même les uns les autres; une mère saisissant une couleuvre la jeta dans le feu et la donna ensuite à ses enfants affamés avant qu'elle ne fut cuite, car, la désolation dans notre pays ravagé par les Saxons, les Suédois, etc., etc., n'avait de semblable que le siége de Jérusalem par Titus. Combien de nos pères seraient morts de faim, sans ce saint prêtre et les aumônes des nobles chrétiens de ce temps, leurs descendants les imitent encore de nos jours ?

Toi Voltaire tu te serais réjoui de voir nos pères disputer le foin aux bœufs pour s'en nourrir. O oh! si l'on avait encore osé dire il y a cent vingt ans à nos pères reconnaissants envers leur Sauveur, que ses cendres seraient jetées au vent, ses images brûlées, ses statues brisées, ses prêtres massacrés, tandis que l'insulteur de la plus pure fille de la Lorraine serait porté en triomphe à l'église Sainte-Geneviève, profanée en Panthéon païen, il n'aurait pas voulu y croire. Noble disciple de J.-C., il y a encore dans la catholique Lorraine des fils reconnaissants qui n'oublient pas que tu fus le sauveur de leurs pères; gloire donc à toi en J.-C. ces Lorrains ne sont pas moins reconnaissants que la catholique Irlande, que ta charité qui ne connut pas les bornes de la mer, car comme celle de ton divin maître, elle n'eut point de limites pour soulager les malheureux ; tu as su donner en son nom cette charité à tes enfants qui imitent tes vertus par toute la terre, où ils sont répandus, quoique sûrs d'être traités comme leur divin maître qui a vaincu le monde par sa mort et triomphé de l'enfer, eux aussi par leurs morts triompheront de l'enfer. faite Voltairienne et libre penseuse, J.-C. la vérité même, comme il en est le verbe, défend le mensonge comme un crime, Voltaire, le vicaire du diable, le recommande à ses disciples comme une vertu. Voilà l'article anti-chrétien du plat valet de Frédéric, roi de Prusse et les leçons de politique qu'il lui donnait en disant décatholicisons la France, sire, disait le transfuge et vous viendrez à Paris, vous seul êtes digne d'en être le roi, car vous, avec trente âmes dans un même corps, vous êtes plus grand qu'Alexandre! Cependant le roi de France avait anobli cet Arouet le nommant gentilhomme de sa chambre royale et seigneur de Fernay, et cet homme vil trahissait son roi, et la France, en servant d'espion au roi de Prusse, qui le gorgeait d'or, et Voltaire disait : sire, je regrette de ne pas être prussien. C'est sans doute parce que la Prusse est généreuse pour les espions, les fils de Voltaire qui ont préparé Sadowa, comme Voltaire avait préparé le démembrement de la Pologne, ils le savent bien eux qui trahissent la France, ils sont au gage de Bismark, c'est pourquoi, fidèles au mot d'ordre de Voltaire, après avoir brisé le sceptre royal, ils veulent encore briser l'Eglise catholique, seul et dernier rempart de la France, afin que la quatrième fois, ils amènent les prussiens à Paris, cette ville décatholisée, enfin, à la grande joie des radicaux et de leur ami Bismark ! Alors le génie de Voltaire qui vit dans ses petits-enfants, verra avec joie ses vœux accomplis, le petits-fils de Frédéric de Prusse, roi de France, car les petits-fils de Philippe-Auguste, ne sont plus là pour défendre notre France, bien-aimée, les fils de Voltaire après avoir brisé leur sceptre, ont tranché une tête auguste, sur la place Louis XV, ce lien d'unité a été rompu par eux, les autres sont en exil, la France est comme une pauvre veuve sans défense pour soutenir ses enfants, le sceptre est le salut et le soutien du peuple, c'est pourquoi après l'avoir brisé ils essaient encore de briser l'épée, comme l'honneur de notre brave armée qu'ils abreuvent de calomnies, voilà ce qu'ils se glorifient, à avoir fait, mais ce qu'ils ne disent pas, c'est combien de sang cela a coûté au pauvre peuple, ils croient jeter de la boue au gouvernement d'aujourd'hui et croient l'insulter en disant que la France retourne au gouvernement des évêques. Tant mieux si cela pouvait être, se serait le salut et l'honneur de la France, car ce génie qui l'avait guidé pendant quatorze cents ans, avait fait une France grande et respectée jusqu'en 93, qui nous avait donné la Louisiane, vendue par Bonaparte, l'homme de la révolution, quatre-vingt-dix millions, avec deux millions cinq cent mille français, saint Domingue, l'Ile de France, Madagascar, nos possessions des Indes, Sarrebourg, Sarrelouis, Trêve, etc., etc., que le génie des sans culottes, nous a fait perdre tandis que le génie des évêques et des rois faisait des enfants du peuple tels que Colbert, Fabert, Jean-Bart, Dugay-Trouin, Chevert, la Fontaine, Corneille, Boileau, Bossuet, Massillon, Fleury, etc., etc., ducs, comtes et barons, évêques et cardinaux, puis ministres pour les récompenser d'avoir bien servi la France, ces enfants du peuple étaient je crois, bien dignes de ces honneurs, moi simple enfant du peuple, mais qui m'honore d'être descendant des fils de cette vieille France catholique, je crois que ce génie était le progrès, tandis que le génie infernal de la révolution récompensait les savants comme Lavoisier, Chenier et tant d'autres dont le seul crime était d'être savants et de servir la France, par leurs lumières, en les guillotinant au nom de la liberté et du progrès, ce qui fit retarder le véritable progrès pendant cent ans.

C'est le génie du duc de Richelieu qui en 1815 quand la Prusse voulait s'emparer de l'Alsace et de la Lorraine, qui sont si françaises de cœur, empêcha qu'elles ne cessassent d'appartenir à la mère patrie.... C'est le génie de la révolution et des avocats, tels que le génois Gambetta, le bavarois Spuller, Jules Favre, Thiers qui les ont livrés à la Prusse en répandant des larmes de crocodile, ils croient donc que nous, peuple et paysans, nous sommes assez bêtes pour ne pas comparer ces choses malgré leurs calomnies et que nous ignorons que ce sont les rois, et les ducs qui nous ont donné l'Algérie, que ce génie de nos princes nous a bâti des monuments et des palais, que leur génie a brûlé, le génie de nos évêques et de nos ducs, comme vous dites, nous ont fait des hospices et des maisons de retraite, pour nos vieillards et nos malades, et des sœurs de charité pour les soigner, tandis que le génie de la révolution a fait des prisons cellulaires pour enfermer ses victimes et pour une Bastille, que le peuple a détruit et où il n'avait jamais eu l'honneur d'entrer, le génie de la révolution en a fait vingt-cinq où le peuple, à chaque révolution, a été enfermé.

Voilà votre progrès, cessez je vous prie de le vanter, quand des vieillards, enfants du peuple comme moi, l'ont vu de si près, pendant cinquante ans.

Quand le duc de Richelieu eut sauvé la Lorraine et l'Alsace, suivant le mot d'ordre de Voltaire, la calomnie fut tellement forte contre les Bourbons, que l'on fit croire au peuple qu'ils étaient revenus dans des caissons étrangers ; cette calomnie aussi indigne qu'adroite était propagée par ce même duc d'Orléans rentré avec le roi, qui lui avait pardonné ses menées de 93 sous le nom de duc de Chartres, c'est avec cette calomnie que Thiers dans son journal le *Constitutionnel* sut faire la révolution ; aujourd'hui, que nous avons vu l'orgueil Prussien et que nous sentons le poids de sa botte de fer, nous devons voir que si Louis XVIII par sa sagesse n'était venu se mettre entre le vainqueur et le vaincu par la force de son droit par l'ancienneté de sa race comme le disait lui-même Napoléon à Sainte-Hélène qui reconnaissait que le roi seul pouvait sauver la France d'un démembrement ; ah! c'est que cette race royale est comme la fleur d'une plante à laquelle elle tient ayant la même origine que la plante, c'est la même sève, c'est le même sang.

La France était perdue, puisque nous voyions avec douleur malgré le génie de nos maîtres la perte de nos plus belles provinces et cinq milliards de rançon ; ce génie qui depuis 1830 nous a légué 20 milliards de dettes et plus de 3 milliards d'impôts, quelle différence avec la conduite de nos rois légitimes, les pleurs de ces nouveaux maîtres qui après avoir crié bien haut, pas un pouce de terrain, pas une pierre, n'ont pu nous empêcher d'être démembrés, tandis que Louis XVIII et le duc de Richelieu son ministre obtiennent que la Lorraine et l'Alsace dont la Prusse voulait déjà s'emparer en 1815 nous resta, et quand l'Assemblée nationale de ce temps-là voulut offrir au noble duc, une récompense, car lui aussi avait pleuré des larmes amères dans les bras de son vieux roi, sur les malheurs de la France, et le Roi avait joint ses larmes à celles de son ministre, mais le fier français, n'avait pas pleuré en présence des ennemis, il avait refoulé ses pleurs au fond de son cœur, et quand ses larmes débordèrent, il les dut à la douleur de n'avoir pu obtenir davantage pour la France.

On voulut donc lui offrir une dotation de cinquante mille francs par année, le duc de Richelieu, qui n'était pas riche, les refusa, mais l'Assemblée passa outre et fit cette dotation, le noble duc ne voulut pas en profiter il donna cet argent pour fonder un hospice: tel était le génie de ces ducs, en ce temps-là.

Eh bien ! combien les radicaux, soit disant amis du peuple, imitent cet aristo-

crate que l'on dit les ennemis du peuple
quand Thiers, en 71, qui n'a su que sauver sa bourse, sut se faire voter onze
cent mille francs, par l'Assemblée nationale, pour sa maison démolie avec tant de
soin, par ses amis d'aujourd'hui, maison
qui ne vallait pas deux *cent mille francs*!
donna-t-il le surplus aux victimes de ses
doctrines; non , il ne donna rien, oh! je me
trompe il les envoya à la Nouvelle-Calédonie et empocha l'*or* des contribuables,
ce qui lui mérita le titre de libérateur,
tandis que je connais un ouvrier, qui après
50 ans de travail avait amassé une
petite fortune consistant en maisons, et
rapportant avant la guerre 10,910 francs
sans compter un terrain rue Boileau, 3,
vendu à la ville au moment de la guerre
135,600 francs qui fut vendu pendant
une maladie 35,000 francs. Ces maisons
furent foudroyées par la Commune, et
comptant (ce qui fit son malheur) sur les
indemnités, si pompeusement promises, il
rebâtit ses maisons détruites, mais quand
il vint porter ses réclamations, comme il
était connu pour royaliste, un des hommes
du 4 septembre du bureau de Passy lui dit
qu'il ne retrouvait pas sa demande, qu'elle

était aux enfers ! il fut traité de même à Boulogne et à Clichy, de sorte que ne pouvant payer, il tomba malade de douleur et paralysé , pendant ce temps - là ses maisons ne furent pas vendues le prix qu'elles lui coûtaient de réparations. Il fut donc ruiné complétement, et obligé de loger chez son frère.

Une récompense avait été promise à celui qui trouverait la cause de la maladie de la vigne et des pommes de terre, je suis le premier en Europe qui a fait cette découverte, la récompense promise m'était donc due légitimement, ayant affaibli ma vue pendant plusieurs années à la recherche de cette découverte, ayant des preuves à l'appui que j'avais remis au ministère de l'agriculture en indiquant le remède que je crois propice pour la guérison de la vigne, mais quand je fus pour savoir la reponse, ayant fait le voyage exprès à Paris , un employé du ministère a eu l'obligeance de me dire que j'étais trop connu comme royaliste, que je n'obtiendrais rien, je lui répondis tout haut : oui je suis royaliste, mais si un républicain méritait une récompense je la lui donnerais; je sais, Monsieur, me contenter, au besoin, d'un verre d'eau et d'un morceau de pain, moi ancien laboureur, mais je ne me dirai pas républicain pour obtenir quelque chose !

Ouvriers, mes frères, si je vous raconte cela, c'est pour vous faire connaître le génie de la révolution qui se dit ami du peuple. En 1828, le ministre du roi Charles X présentait des brevets à signer, quand, arrivé à un brevet, le ministre dit : Sire, j'ai une observation à faire à votre Majesté ; laquelle, dit le roi en posant sa plume, —sire, le candidat de ce brevet est le fils d'un régicide. « M. le ministre, dit Charles X, on choisit son beau-père, mais on ne choisit pas son père,» et il signa le brevet, ce jeune officier devint général.

Voyez lequel des deux génies est le génie bienfaisant.

En 1870 les avocats radicaux s'étaient emparés des places, ils se gorgeaient de vin et de bonne chère près d'un bon feu, mais loin du feu des Prussiens, tandis que les ducs, les nobles et les prêtres, que vous calomniez, couraient à la défense de la France... et mouraient avec nos enfants, sur les champs de batailles, tels que les ducs de Liyne, de Chevreuse et le marquis de Sabran, les Charettes, etc., etc. Voilà la différence qui existe entre les catholiques et les libres-penseurs.

Moi, faible enfant du peuple, mon amour pour ma patrie ne me faisait rien craindre, car déjà, j'avais osé écrire pour protester, le 28 octobre 1870, contre l'érection de la statue de Voltaire, la lettre suivante, au maire du 11e arrondissement. Monsieur, Permettez à un catholique, à un lorrain, enfant du peuple, et compatriote de Jeanne d'Arc, de venir protester comme lorrain d'abord, comme catholique et français, enfin, contre la glorification de Voltaire.... quoi, c'est au moment où le fils de ce même Frédéric, que ce vil Voltaire a glorifié et flatté de ses victoires sur les français nos pères, et sous nos murs que l'on choisit pour glorifier un tel homme, si au moins les parisiens ces ingrats, pour tous leurs bienfaiteurs et leur sauveur n'ont pas encore eu une place pour la statue de Jeanne d'Arc, qui les a sauvés et sauvé la France, ce Paris, qui en a une pour élever une statue à *l'insulteur* de sa libératrice, quelle lâcheté ! il faut être tombé bien bas. Ah !

voudrait-on dans la statue de Voltaire, flatter Guillaume de Prusse, en la personne du plat valet de son grand-père, ce Voltaire qui en parlant de J.-C. seul vrai ami et sauveur du peuple, disait: écrasons l'infâme !

Oh! Monsieur, Julien l'Apostat voulait lui aussi écraser le Nazaréen, mais le Nazaréen a vaincu l'apostat. Votre statue dans ce moment de douleur nationale, n'est pas seulement impie, mais elle est une folie politique, niaise et une insulte; car c'est une insulte à ceux qui sont chrétiens, non-seulement catholiques, et ils sont encore nombreux, ne vous en déplaise, ceux qui adorent le divin pendu, cet infâme selon Voltaire, une insulte enfin à notre noble et héroïque Lorraine, qui est fière et glorieuse de sa Jeanne d'Arc. Quoi dis-je, c'est au moment où nous avons besoin d'union pour repousser l'ennemi que vous plantez ce portrait de discorde, il fallait donc achever votre œuvre, le représenter avec courage foulant à ses pieds et J.-C. sauveur du monde et Jeanne d'Arc, sauveur de la France et chantant la gloire de Frédéric de Prusse et sa victoire de Forbac, où le sang français coula à flots!

vous voyez, ô Voltairiens, que vous n'insultez qu'à moitié, vous ressemblez beaucoup à ces hommes du siége de Jérusalem
et de Constantinople, je crains bien que
vous n'ayez le même sort, avec votre
fausse liberté et ses faux libéraux, qui
seuls veulent avoir le privilége d'être
français, et de régénérer cette France,
sans Dieu et sans principes, voilà ce que le
Voltairianisme a fait de cette France, que
nos pères catholiques et nos rois, avaient
faite si belle.

Oui, M. Voltaire mérite une statue, car
ses œuvres impies ont démoralisé et
amoindri la France, mais il fallait attendre que cette statue fût élevée par la
Prusse, reconnaissante et agrandie par
l'effet des doctrines de Voltaire, et des
Voltairiens qui n'ont cessé de suivre le
mot d'ordre de Frédéric de Prusse (que
l'on appelle le grand et moi que je nomme
l'infâme) décatholicisons la France, écrivait-il à son valet... calomniez, calomniez
les prêtres il en reste toujours quelque
chose surtout les Jésuites, qui sont les
gardes de corps du pape... Voltaire a
commencé, convenez que ses enfants
n'ont pas mal continué et que Guillaume

de Prusse devrait bien décorer la statue de Voltaire, qui a fait la Prusse si grande et la France si petite, et récompensé les Journalistes du *Siècle*, etc., etc.

Ah ! c'est que la statue de Jeanne d'Arc rappelle un Dieu sauveur et est un modèle de vertu qui rend une nation grande et invincible, tandis qu'aujourd'hui, on préfère cette doctrine qui rend une nation sans Dieu vincible par la Prusse seule !

Je suis, Monsieur, votre humble serviteur,   Thiéry,

8, rue Madame.

Ne craignant que Dieu je vous donne mon adresse.

P. S. Hélas ! au moment où je vous écrivais, j'apprends les nouveaux malheurs de ma patrie, ma chère Lorraine ! oh ! Metz, tu es prise ! fils de Voltaire, chantez les louanges du petit-fils de Frédéric, car ses gloires ont surpassé celles de son grand-père. Forbach est loin, ô France chérie, si Dieu ne te sauve tu es perdue. O Geneviève et vous Jeanne d'Arc priez.... !

Ah ! dans quelle intention, Bonaparte

vous fit faire la fête de la réunion de la Lorraine à la France, c'était insulter à nos malheurs : les cendres de nos héroïques pères ne sont pas encore refroidies. J'ai vu cette fête avec douleur. La France était bien notre suzeraine et nous étions Français de cœur, mais nous avions notre noble indépendance que nos pères avaient su défendre, fallait-il que Napoléon III fît allusion à sa réunion préméditée à la Prusse, lui qui avait déjà livré, à Juarez, l'empereur Maximilien, ce noble descendant de nos bons princes qui sut mourir en vrai petit-fils de Charlemagne. Et quand on lui disait : Sauvez-vous, sire ; il répondit comme Saint-Louis en Egypte : Vous voulez que j'abandonne ces braves gens qui sont avec moi, non ! je vivrai avec eux ou je mourrai avec eux ; imitant Saint-Louis dont le sang par les alliances de ses pères coulait dans ses veines. Quelle différence avec les bonapartes. Ah ! c'est que les grandes races royales savent vivre en braves, mourir avec honneur.

Darius, après la bataille d'Arbelles, fuyait aussi devant Alexandre le Grand, ses généraux lui conseillaient de détruire le pont pour sauver sa vie ; il refusa généreusement plutôt que de livrer son armée au vainqueur et il préféra perdre la vie, et il la perdit par les mains des lâches satrapes qui ne comprirent pas la grandeur de ce roi malheureux, car ce prince d'une noble race royale, qui aimait son peuple et le gouvernait avec sagesse, n'était pas un mercenaire parvenu à force d'intrigues.

Quand on veut tuer un bon chien de garde, les voleurs qui veulent s'en défaire disent qu'il est enragé; c'est ce que firent en 1830 ceux qui renversèrent Charles X, sous le prétexte des ordonnances sur la presse qui furent bien surpassées par les lois de septembre de Thiers. Mais les hommes de la commune, comme leurs devanciers, ont vengé Charles X par leur amour de la liberté de la presse, ils les ont brisés et fusillèrent même un des leurs pendant la Commune, M. Chauday, rédacteur du *Siècle*. J.-C. a marqué tous ces hommes d'une marque indélébile en disant, c'est à leurs œuvres que vous reconnaîtrez ces loups couverts de peaux d'agneaux, nous avons vu ces œuvres depuis 93 en voici un échantillon.

Oh, si au lieu d'avoir voulu la gloire et

la grandeur de la France, Charles X eut
consenti à n'être qu'un préfet anglais en
donnant à l'Angleterre l'Algérie, la révolution n'eût pas eu lieu, mais le vieux roi
chevalier préféra l'exil au déshonneur et au
vasselage de la France... et encore en 1832
avant que Deitz, le juif allemand devant la
duchesse de Berry qui revendiquait les
droits de son fils, pour 1,000,000 aux ministres de Louis-Philippe qui sut ne donner
que 500,000 francs *au traité*, un agent
anglais proposa à cette noble princesse de
rendre la couronne au roi son fils, si elle
voulait promettre de donner l'Algérie à
l'Angleterre. Cette héroïne fille de France
répondit : Pas même cette chaumière.
Si je savais que la couronne de mon
fils dût coûter un pouce de terre de
démembrement à la France, je briserais
cette couronne. et j'emporterais mon fils
avec son honneur dans la montagne des
Calabres, plutôt que de déshonorer cette
couronne.

Ah! qu'il y a loin de ce cri parti d'un
cœur si français à celui que nous avons eu
la douleur d'entendre pendant le siége de
Paris et de voir afficher sur papier
rouge sur nos monuments : périsse la

France, périssent nos colonies, plutôt que la République. Cette Angleterre qui a le talent de nous faire des révolutions renversa Louis-Philippe à cause de son mariage espagnol fait malgré elle, puis pendant 20 années Bonaparte fut le valet de l'Angleterre, soit en Chine, soit en Crimée, pour faire passer l'opium anglais qui empoisonne les Chinois, enfin la guerre injuste faite à l'Autriche pour plaire aux carbonari, ses associés depuis 1830, où il combattit contre le pape Grégoire XVI et fut fait prisonnier, il ne dut son salut qu'à la bonté et aux prières de l'évêque d'Imola, aujourd'hui le grand Pie IX, qui était venu apporter cette nouvelle de consolation aux prisonniers et auxquels il devait tout et qu'il livra à Victor-Emmanuel comme Judas livra notre Sauveur pour trente pièces d'argent.

Cet homme qui déjà avait livré les troupes pontificales à *Cialdini*, auquel il avait dit avant de partir pour l'Algérie, ce fameux mot: Allez, et faites vite. Il fit vite en effet sans déclaration de guerre à la grande honte de l'Europe catholique spectatrice paisible d'un tel forfait inouï dans les annales du monde entier, même chez les sauvages, qui avant de se déclarer la guerre s'envoient le calumet de guerre ; lui tombe sur la poignée de soldats du glorieux Lamoricière. Ah ! si ces huit mille hommes eussent tous été français, les quarante-huit mille hommes de Victor-Emmanuel ne les eussent pas plus effrayés que jadis nos pères à la bataille de *Forni* au nombre de sept mille hommes, ne furent effrayés des quarante-huit mille Italiens qui voulaient barrer leur passage, et qui les défirent en moins d'une heure. Lamoricière lui eut fait sentir ce que vaut la valeur française. Bonaparte avait donc juré de faire une Italie *une* ; cela pouvait être dans son rôle de petit-fils de Florentin, et dans ses toasts, il avait dit : à l'Italie *une* ; avec les Italiens, il disait : Je suis italien, et quoiqu'il savait que c'était contraire aux intérêts de la France de laisser faire une Allemagne ; les journaux révolutionnaires pour préparer Sadova étaient soldés et payés par Bismark avant comme après Sadova.

Bonaparte défit en trois jours ce que le drapeau blanc avec nos pères avaient mis trois cents ans à faire pour la sécurité et la grandeur de la France.

En 1866, il était aisé de voir que la Prusse voudrait nous faire la guerre. J'écrivis au commencement de l'année 1867 à une auguste personne en lui disant qu'il viendrait encore une cinquième fois sauver la France envahie ; mais, hélas ! je ne croyais pas que ma chère Lorraine et l'Alsace seraient la conquête du roi de Prusse ; je prévoyais bien l'invasion, j'espérais que le drapeau sauveur de Jeanne d'Arc viendrait combattre le drapeau prussien. Ah ! j'avais compté sans penser au dictateur Gambetta, le grand général désorganisateur de Bismark et sans son ami le Condotieri Garibaldi, ces deux Italiens qui ne voulaient combattre que pour la république dans l'intérêt des Prussiens. Quel auxiliaire, un homme qui s'était vanté d'avoir trempé ses mains dans le sang autrichien et de tremper ses coudes dans le sang de Français.

Quelle honte, ô France, ma chère patrie, comme tu étais tombée bas pour t'abaisser à de tels alliés qui sont le fléau des nations honnêtes.

Tandis que l'italien Gambetta refusait d'armer trente mille hommes de notre héroïque Bretagne lesquels restaient sans armes dans la boue au camp de Conlis, on armait les Italiens qui ont trahi notre brave armée, commandée par l'héroïque Bourbaki, nos pauvres enfants marchant dans la boue et dans la neige avec des chaussures dont les semelles étaient de carton, n'ayant que de mauvais fusils quoiqu'ils aient été payés très cher et que les héros du 4 septembre aient gagné leur fortune à faire ces marchés scandaleux, vous, nos ennemis cause de nos désastres, tel est le génie nouveau que vous vantez.

On fait vibrer aux paysans de la campagne le fantôme de la dîme, mais nous savons que l'on ne fait pas retourner l'eau pour rentrer à sa source pas plus qu'on ne peut faire rentrer l'enfant dans le sein de sa mère ; l'origine de la dîme est que quand les moines eurent défriché et ensemencé les terres, ils les laissèrent aux paysans tout ensemencées moyennant une redevance que l'on nomma la dîme. Du reste dans ce temps de l'enfance de la France, où l'argent était presque inconnu, on ne pouvait payer les contributions qu'en nature ; si la dîme existait encore, comment pourrions-nous payer les trois milliards et plus d'impôts que le génie de la révolution a su nous doter; du reste, sous la dîme on ne payait que selon sa récolte, et quand elle manquait on ne payait pas, ce qui arrivait soit par la grêle ou d'autres causes imprévues , tandis qu'aujourd'hui que nous payons, non le dixième de nos revenus, mais bien le cinquième ; que l'on récolte, oui ou non, il faut payer sans quoi les frais et la contrainte ne manquent pas de se faire sentir. Du reste la dîme ne rapportait presque rien au gouvernement et elle était devenue vexatoire pour le peuple comme sont les rentes viagères que certains enfants paient à leurs parents.

Arrière donc mes amis, ouvriers et laboureurs, arrière tous les hommes qui ne veulent pas soutenir le pouvoir légitime, Dieu, Jésus-Christ et son Eglise et aujourd'hui Mac-Mahon. Ne votez pas pour eux. Vous voteriez pour ceux qui ont pillé la France, avili la France, laissé démembrer la France. Et si comme enfants du ciel nous devons crier : Vivent Dieu et J.-C.; comme homme, enfants de la terre, nous devons crier : Vive la France ! revive la France !

THIÉRY,

Ancien Laboureur, ancien Md Grainier-Fleuriste, Membre de la Société d'Agriculture et de la Société centrale d'horticulture de France, auteur de la *guérison de la maladie des pommes de terre* et de *l'histoire et culture des Lis*, etc.

Senoncourt par Souilly, le 20 juillet 1877.

Typ. de Laurent, à Verdun.

www.ingramcontent.com/pod-product-compliance
Lightning Source LLC
Chambersburg PA
CBHW051122050726
47594CB00003B/908